AF463280

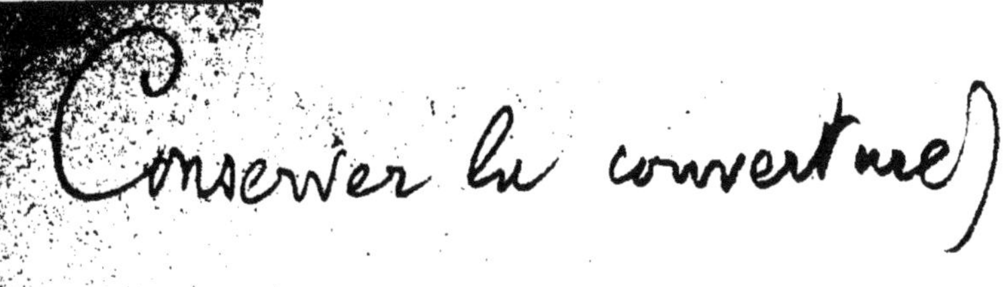

DISCOURS

POUR LA CINQUANTAINE

DE LA RÉVÉRENDE MÈRE

MARIE SAINT-BERNARD

DU SACRÉ-CŒUR DE JÉSUS

Prononcé le 8 Février 1888

AU MONASTÈRE DES CARMÉLITES

de l'Avenue de Saxe, à Paris

PAR LE R. P. LESCŒUR

PRÊTRE DE L'ORATOIRE

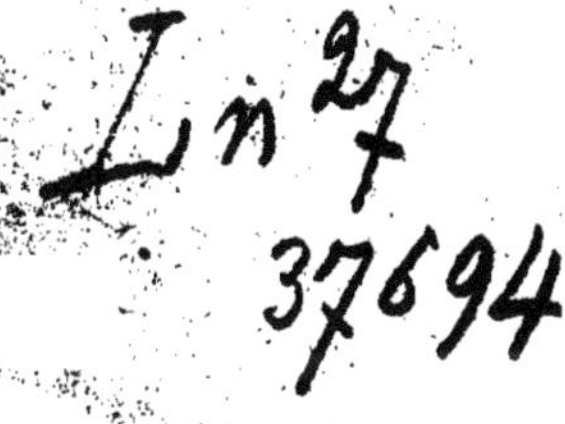

DISCOURS

POUR LA CINQUANTAINE

DE LA RÉVÉRENDE MÈRE

MARIE SAINT-BERNARD

DU SACRÉ-CŒUR DE JÉSUS

Prononcé le 8 Février 1888

AU MONASTÈRE DES CARMÉLITES

de l'Avenue de Saxe, à Paris

PAR LE R. P. LESCŒUR

PRÊTRE DE L'ORATOIRE

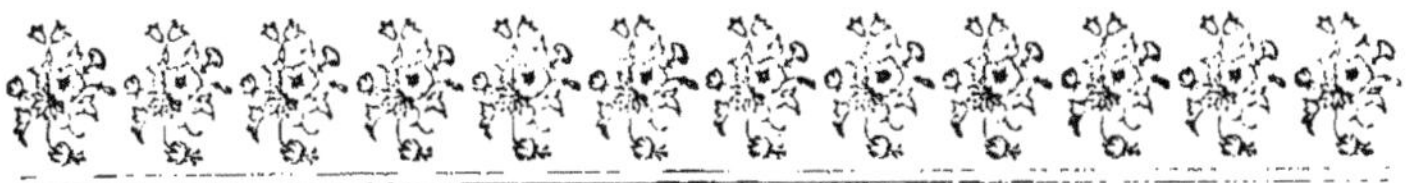

Venite, exultemus Domino, jubilemus Deo salutari nostro.

Venez, glorifions le Seigneur ; que nos chants de jubilation s'élèvent vers Dieu, notre Sauveur (Ps. LXXXXIV).

MES RÉVÉRENDES MÈRES,
MES FRÈRES,

Les anniversaires des grâces reçues de Dieu sont toujours chères aux âmes chrétiennes : nulle part, plus qu'au Carmel, on n'aime à célébrer l'anniversaire du baptême, de la première communion, de la vocation religieuse, de la première vêture, des vœux solennels et c'est là une touchante et salutaire coutume : toujours douce au cœur du fidèle, l'action de grâces est toujours agréable au Cœur de Jésus.

Mais c'est surtout lorsqu'il s'agit d'un anniversaire semi-séculaire, de ce que, dans le langage familier, on appelle des *Noces d'or*, que l'action de grâces est plus solennelle, plus glorieuse à Dieu, et c'est à bon droit qu'on en fait le signal, non plus d'une fête toute privée, tout intime, qui se passe entre l'âme et Dieu, au pied du sanctuaire et dans le secret d'une cellule, mais d'une fête publique, éclatante, à laquelle on convie tous ses parents, tous ses amis, comme pour leur dire : « Venez m'aider, car je suis impuissante à célébrer seule tant de grâces reçues, des grâces si prolongées. Venez avec moi ; prêtez-moi le secours de vos cœurs, de vos voix, pour remercier Celui qui est riche en miséricorde, Celui de qui découle tout don parfait : *Venite, exultemus Domino*, Venez chanter avec moi les louanges de Dieu, de notre Dieu qui opère le salut : *Jubilemus Deo salutari nostro*. » C'est le cas où se vérifie avec la plus parfaite exactitude la parole de saint Paul : « *Cum gloriatur unum membrum, congaudent omnia membra*. Dans la sainte Église de Dieu, *quand un membre est glorifié, tous les autres membres entrent avec lui dans la joie.* »

Cette fête publique, qu'on appelle un jubilé, et qui a pour point de départ une grâce faite à un homme en particulier, notre siècle l'a vu célébrer plusieurs fois. Il y a une année à peine, c'était une grande reine, la reine d'Angleterre, impératrice des Indes, qui solennisait le cinquantième anniversaire de son couronnement. Il y a un autre jubilé, encore plus grand, cette année même, dont les fêtes n'ont point cessé, celui de notre grand pontife Léon XIII. A cette occasion, le monde entier, pour ainsi dire, se met en mouvement. L'Angleterre a vu venir des princes de l'extrémité des Indes pour célébrer leur souveraine ; Rome a vu bien plus : on est venu, on a envoyé des présents de tous les points de la terre, et l'on peut dire que jamais fête n'a été plus vraiment catholique, c'est-à-dire universelle.

Mais pourquoi rappeler ces pompeux souvenirs à propos de notre humble et pauvre jubilé du Carmel ? N'est-ce point, Ma chère Sœur, offenser votre modestie? Non, non, c'est rendre grâce à la bonté de Dieu qui veut que, même dans une sphère modeste, un jubilé soit toujours une fête qui rayonne au loin ; qui aille émouvoir, toucher les âmes bien au delà de l'enceinte du monastère où elle se célèbre. En effet, sans parler de vous, Mes Frères, qui êtes venus, quelques-uns de très loin, pour assister à cette cérémonie, il faut dire, à la gloire de Dieu et pour la consolation de nos cœurs, qu'un nombre considérable de maisons du Carmel — nombre si grand que je ne parviendrais pas à l'énumérer, — ont tenu à envoyer ici le témoignage de leur foi unie à la nôtre, à faire parvenir des présents à ce monastère, en sorte qu'il y aurait comme une ingratitude à ne pas rendre un hommage public de reconnaissance à cette marque si touchante de confraternité religieuse. Que dis-je? il faut que notre reconnaissance monte plus haut encore. Le Souverain Pontife lui-même a daigné interrompre, en quelque sorte, les fêtes de son propre jubilé pour envoyer sa bénédiction apostolique à celle dont nous célébrons la fête. Quelles actions de grâces assez dignes pourrions-nous rendre à ce Père de tous les fidèles, qui daigne s'incliner vers la plus humble de ses enfants?

Et maintenant, Ma Révérende Mère, pour notre édification et celle de cette pieuse assistance, je vais me demander quels sont, à cette heure, vos sentiments intimes ; quels sont ceux de vos compagnes, quels doivent être les nôtres pour célébrer dignement ce jubilé : trois réflexions qui feront tout le partage de cet entretien.

I

Votre premier sentiment, Ma Révérende Mère, a été celui d'une surprise pleine d'émotion, en voyant arriver pour vous cette date de la cinquantaine à laquelle parviennent un si petit nombre, où vous comptiez si peu atteindre vous-même. Dans le monde, les noces d'or sont toujours un rare événement ; les noces d'or au Carmel sont peut-être plus fréquentes ; elles célèbrent de nouveau l'union indissoluble de l'âme avec Dieu, contractée au jour des vœux, à l'aube radieuse de la vie austère du cloître. Quels souvenirs elles rappellent ! Vous les avez vues repasser sous vos yeux, ces cinquante années écoulées à l'ombre du sanctuaire, loin du monde et de ses orages dont le bruit lointain est effacé depuis si longtemps pour vous. Vous vous représentez, nous faites revivre dans votre pensée ce premier appel de Dieu, cette minute solennelle, d'où dépend une vie entière, qui renferme l'éternité et qui s'appelle la vocation. Ce jour est bien loin de vous et cependant vous le sentez tout près, c'est comme hier, car ces souvenirs-là ne vieillissent jamais. La voix secrète vous disait : « *Audi filia et vide.* Ecoute, ma fille, regarde, penche ton oreille ; il te faut oublier ton pays et la maison de ton père. » (Ps. XLIV, 12.) Oh ! que vous vous félicitez d'avoir écouté l'invitation divine ! Que vous bénissez ceux qui, à cette heure de trouble sacré, vous ont éclairée de leurs conseils, encouragée dans vos hésitations, soutenue dans vos luttes ! C'est à leur tombe que va maintenant votre reconnaissance ; elle n'en est que plus puissante sur votre cœur. Vous pouvez rendre témoignage à présent que les promesses de Dieu ne sont pas vaines, qu'un jour passé dans sa maison vaut mieux que mille passés au dehors, et que ce n'est pas un vain mot que le mystérieux « centuple » promis par Notre-Seigneur, dès ce monde, aux âmes généreuses qui ont tout quitté pour lui.

Mais, dans vos souvenirs, aucun n'est plus précieux, plus présent à votre cœur que celui de cette grande religieuse qui vous a reçue au sortir du monde, qui a été votre initiatrice dans la vie du Carmel et qui a été, pendant dix ans, votre mère : je veux parler de cette seconde fondatrice de votre ordre en France, cette héroïque Mme Camille de Soyecourt dont le nom, toujours cher à ceux qui aiment les filles de sainte Thérèse, ne saurait jamais assez être célébré.

Quelles leçons de générosité en tout genre vous avez pu recevoir d'elle !

C'était dans les dernières années paisibles qui précédèrent la Révolution. Sortant d'une des plus nobles et des plus riches familles de France, en intimité avec la cour et les princes, jeune et belle, entourée de tous les biens que le monde envie sans exception, Mlle de Soyecourt avait à tout le reste préféré une pauvre cellule, la robe de bure de sainte Thérèse, et refusé de prêter attention aux craintes qu'on soulevait devant elle pour effrayer sa vocation naissante : en effet l'esprit du siècle menaçait déjà ces asiles de la prière dont elle allait franchir le seuil, en attendant que fût venu, pour la Révolution victorieuse, le temps de les ouvrir de force, puis de les piller et de les abattre, après les avoir vidés de leurs habitants.

Quand l'orage prévu éclata, la noble héritière des Soyecourt était en possession de cette vocation qu'elle avait voulu embrasser malgré tous les obstacles, et elle sut la garder intacte au milieu de mille traverses, malgré les persécutions, les exils, les prisons, malgré la faim et la soif (car elle dut endurer tous ces maux). L'antique monastère des Carmes fut racheté de ses deniers ; la règle de sainte Thérèse y fut réinstallée par ses soins et c'est là qu'elle vous accueillit, Ma Révérende Mère, avec tant d'affabilité, avec cette douceur souriante qui lui était propre, c'est là qu'elle passa quarante-cinq ans, dans la cellule même d'où son père, prisonnier de la Terreur, était sorti pour aller à l'échafaud !

Voilà, Ma Révérende Mère, les souvenirs héroïques que réveillent en vous vos débuts au Carmel : mais ce que vous aimez surtout à vous rappeler, de cette grande âme qui vous a initiée à la vie du cloître, ce sont ses vertus religieuses. Vous aimez à redire et à vous appliquer cette prière qu'elle faisait, n'étant encore que novice :

« Seigneur, faites de moi une religieuse suivant votre cœur, douce, obéissante, une fille d'oraison et de prière, ennemie de toute médisance et toute division, insensible aux mépris, aux injures et à toutes les choses de la terre, sensible à votre amour et aux biens de l'heureuse éternité ! »

Votre devise est la sienne : « Un cœur pour aimer, un corps pour souffrir. Je suis religieuse, c'est pour souffrir d'esprit et de corps. »

Entre autres exemples, cette vénérable mère vous en a donné un que vous êtes en train de suivre et qui est l'occasion même de cette fête : c'est sa robuste longévité dans la pénitence du Carmel.

D'une santé délicate et que ses parents avaient longtemps fait valoir comme un obstacle victorieux, insurmontable à son entrée au cloître, elle vécut Carmélite soixante-cinq ans, et ne mourut qu'à l'âge de quatre-vingt douze ans, et encore trompa-t-elle outes ses filles qui s'étaient flattées plus d'une fois qu'elle atteindrait son siècle.

Attendre si longtemps la couronne, cela vous semblerait dur, Ma Révérende Mère, et souvent la vénérée mère Camille vous a donné l'exemple de soupirer après la fin de cet exil. Que de fois, comme elle, vous avez porté envie à celles de vos compagnes qu'une miséricordieuse providence, dès les premières années de leur vocation, avait jugées mûres pour le ciel ! Nulle part plus qu'au Carmel, je le sais, on ne soupire après la patrie Cette terre y est regardée pour ce qu'elle est, un lieu de pèlerinage et d'épreuve, loin de la maison du père. Tout ce que le monde estime, ces biens auxquels il tient le plus, bien-être, richesses, plaisirs, longue vie, c'est là ce dont on veut être dépouillé : ce qu'on attend avec une sainte impatience, c'est cette mort tant redoutée, par où il faut nécessairement passer pour parvenir dans la patrie et entrer dans la possession des vrais biens. Que de fois, Ma Révérende Mère, sous l'empire de ces sentiments vous avez redit la parole du Psalmiste : « *Heu ! mihi quia incolatus meus prolongatus est !* Hélas ! qu'il est long le temps de mon exil ! »

Et pourtant, puisque Dieu refuse si souvent à ses épouses du Carmel le privilège d'une prompte délivrance, ne faut-il pas reconnaître qu'il y a aussi, dans cette longue vie passée au cloître, une grâce particulière qu'il n'est pas permis au chrétien de dédaigner? Et, pour tout dire en un mot, une longue carrière de pénitence accordée à une âme religieuse, est-ce une grâce moindre que le bonheur de ces prédestinés dont la sainte Écriture nous dit « que consumés en peu de temps, ils ont acquis les mérites d'une longue vie! » (Sap. IV, 13.) Lequel a été plus aimé de Dieu, d'un saint Alphonse de Ligori, d'un saint Vincent de Paul, ou d'un saint Louis de Gonzague d'un saint Berchmans ? D'une Mme de Soyecourt, que dis-je? d'une sainte Thérèse, ou d'une sainte Rose de Lima, d'une Marguerite de Beaune ? C'est là une question à laquelle notre pauvre intelligence humaine ne saurait répondre, et dont nous ne connaîtrons la solution que dans la lumière de Dieu. Le livre de l'Imitation ne nous donne-il pas ce sage avis : « Gardez-vous bien de peser le mérite des Saints, et de disputer pour savoir lequel a été le plus saint et qui d'eux est le plus grand dans le royaume des Cieux. » (Liv. III, LVII, 1.) Sans donc vouloir rien décider, n'y-a-t-il pas du moins une chose assurée, c'est que pouvoir accumuler chaque jour les mérites pendant de longues années, voyant sans cesse croître le trésor, « que les vers et la rouille ne consumeront jamais », c'est une grâce insigne entre les grâces. Songez y donc ! Cinquante années de prières ! Cinquante années de sacrifices, d'oraisons, de veilles ! Cinquante années d'union avec Dieu, jamais interrompue par aucun péché grave : qui dira qu'il n'y a pas là un bienfait évident de la miséricorde divine, une munificence toute privilégiée de la grâce céleste ? Une longue vie dans le monde, consacrée aux vanités, aux plaisirs dangereux quand ils ne sont pas criminels, à des occupations frivoles et inutiles, ah ! quoi qu'on puisse dire, c'est là le vrai malheur qu'il faut déplorer bien plus qu'une mort précoce : mais souhaitons plutôt, souhaitons toujours qu'elles durent longtemps, les vies pleines de bonnes œuvres, de bons exemples, d'humilité, de charité. N'était-ce pas le vœu magnanime de cette sainte Carmélite, Marie-Magdeleine de Pazzi, quand elle disait, non pas même comme sainte Thérèse, *aut pati aut mori* ou souffrir ou mourir, mais cette parole plus héroïque encore : *non mori sed pati*, ne pas mourir, mais souffrir ! Ne pas mourir trop tôt pour pouvoir souffrir plus longtemps, c'est-à-dire pour rendre plus longtemps témoignage à cette sainte passion qui est la première et la dernière raison de la vocation du Carmel : aimer Jésus crucifié et lui rendre amour pour amour, en souffrant pour Lui ! C'est ce sentiment, Ma Révérende Mère, auquel vous aussi vous êtes prête à rendre témoignagne aussi longtemps qu'il plaira au divin Maître de vous laisser sur la terre. C'est la résolution bien des fois prise que vous renouvelez, je le sais, aujourd'hui.

II

Et maintenant, Mes Révérendes Mères, je me tourne vers vous, les compagnes de celle dont nous faisons la fête, et je vous demande quelles pensées remplissent vos cœurs et viennent se joindre à cet attendrissement, à ce respect qui s'impose à vous, si j'ose ainsi parler, en présence d'un vétéran qui célèbre sa cinquantième année de vaillants services et ne songe pas encore au repos.

D'abord vous vous unissez, du plus profond de vos cœurs, à son action de grâce, à sa joie, à ses résolutions saintes. C'est le bonheur et l'honneur de la vie religieuse, que tout y est en commun et que c'est non des lèvres, mais du cœur, qu'on redit tous les jours la parole du Psalmiste : « Qu'il est bon, qu'il est doux pour des âmes sœurs de vivre ensemble ! *Ecce quam bonum et quam jucundum habitare fratres in unum* ! » S'il y a un lieu dans le monde où se retrouve ce « seul cœur et cette seule âme, *cor unum et anima una,* » dont l'Esprit-Saint avait doté la primitive

Eglise, c'est l'enceinte du cloître qui est ce lieu béni.

Mais, de plus, Mes Révérendes Mères, en remerciant Dieu d'avoir protégé les jours de votre compagne, vous le remerciez aussi, non plus pour elle mais pour vous, de vous avoir conservé en elle un témoin du temps passé, une fidèle narratrice des origines de votre monastère. Elle a eu le bonheur. que bien peu parmi vous partagent maintenant, d'avoir vu de ses yeux la vénérable mère Camille. Elle a vu à l'œuvre cette grande âme. Elle se rappelle son visage, le son de sa voix, sa manière de vivre, le cadre familier dans lequel se mouvaient ses simples et héroïques vertus. Elle a pu vous les retracer mille fois, de telle sorte que l'admirable figure de votre seconde fondatrice reste toujours vivante parmi vous, réveillant sans cesse la sainte ardeur de marcher sur ses traces ; en un mot, votre compagne est chez vous un témoin de vos traditions de famille les plus précieuses. La tradition, Mes Sœurs, quelle grande chose dans une société religieuse, aussi bien que dans l'Église elle-même ! Un fondateur, quel qu'il soit, ne peut tout écrire. Mais les contemporains l'ont vu agir ; ils ont noté ses paroles, ses gestes ; ils ont vu comment il entendait, interprétait, pratiquait les règles : en sorte que, lui disparu, ses exemples sont toujours là, édifiant, instruisant, tranchant toutes les questions difficiles, avec l'autorité qui s'attache à la sainteté unie à l'antiquité.

C'est cette tradition à laquelle l'Esprit-Saint lui-même nous déclare qu'il faut être attentifs : « Ne négligez point, dit le livre de l'Ecclésiastique, ne négligez point l'entretien des vieillards, parce qu'ils ont appris de leurs pères, et c'est d'eux que vous recevez la science. *Non te prætereat narratio seniorum, ipsi enim didicerunt à patribus suis, quoniam ab ipsis disces intellectum.* » (Eccli., VII, 12.)

C'est la bénédiction des communautés religieuses ; c'est la vôtre en particulier, Mes Sœurs. Si non seulement la mère Camille, mais si Sainte Thérèse elle-même revenait parmi vous, sans peine elle vous reconnaîtrait pour ses filles, en retrouvant ici les habitudes qu'elle a introduites, les usages qu'elle suivait, toujours pratiqués, toujours aimés, toujours gardiens des mêmes vertus.

Mais dans les souvenirs de la mère Camille, toujours vivante dans les récits de la mère Saint Bernard, quel puissant encouragement ne trouvez-vous pas en présence des difficultés, des persécutions d'aujourd'hui, et des tempêtes de demain !

Quand la mère Camille franchit pour la première

fois le seuil du Carmel, c'était, je l'ai dit, à la veille de la Révolution ; l'orage grondait déjà : mais qu'importe pour l'âme qui a mis toute sa confiance en Dieu? Les plus sinistres prophéties ne l'arrêtent pas : l'appel de Dieu lui suffit pour marcher, elle ne sait ce que c'est que de craindre les hommes et leurs menaces.

La tempête éclate enfin, plus terrible cent fois que les esprits les plus audacieux n'auraient pu la prévoir : elle emporte tout ce qui est chrétien. Les couvents sont fermés, les églises souillées, les prêtres exterminés, livrés à la mort. La mère Camille voit ses parents eux-mêmes dépouillés, jetés dans les fers. Son père est envoyé à l'échafaud, elle-même en prison. Est-ce que sa vocation sainte est pour cela interrompue? Ah! on a bien pu l'enlever du milieu de ses sœurs, lui arracher, lui interdire son habit, on n'a rien pu sur son cœur! Elle reste Carmélite dans l'âme, partout et toujours, en voyage, en exil, en prison, devant les tribunaux jacobins. Elle n'a qu'un désir que rien, jamais, ne fera vaciller : rétablir son monastère quand l'orage aura cessé, rebâtir sur des débris quand le sol aura cessé de trembler.

Sa confiance héroïque n'a pas été trompée. Elle est passée, du moins dans sa première phase, cette révolution toute puissante et sans frein, qui devait anéantir l'Eglise, et l'Église est debout. Il a péri cet empire formidable qui faisait et défaisait les rois, qui emprisonnait les Papes, qui bâillonnait la religion ; et les monastères sont ouverts, plus nombreux et plus florissants que jamais. Et la fille bien aimée de la Mère Camille, la mère Saint-Bernard, est là pour nous dire comment s'est faite cette résurrection.

Encore une fois quel encouragement pour vous, Mes Sœurs ! La Révolution est toujours menaçante, elle a repris ouvertement une œuvre qu'elle dissimule parfois, mais qu'elle n'interrompt jamais : ruiner, renverser l'Église, en commençant par les asiles de la prière monastique.

Mais l'histoire d'hier suffit pour nous redire, quand même la foi ne nous l'aurait pas appris, que Dieu est plus fort que les hommes. De nouveaux orages, s'ils devaient éclater, vous trouveraient aussi intrépides que vos devancières ; et cette fille de la mère Camille dont nous célébrons la cinquantaine, si Dieu permettait qu'on vous dispersât encore une fois, saurait vous rappeler comment, dans de tels renversements, les filles de sainte Thérèse peuvent bien subir pour un temps les violences des hommes, mais non jamais renoncer à se réunir de nouveau, le jour de la la justice revenue, dans leur cloître rétabli, et à prouver une fois de plus au monde stupéfait, suivant la parole du glorieux restaurateur des ordres religieux en France, que « les chênes et les moines sont éternels » (1)!

III

Et enfin, Mes Frères, c'est maintenant à vous que je m'adresse, quels sont vos sentiments, quelles doivent être vos pensées dans cette fête de la famille du Carmel à laquelle vous êtes venus participer ?

D'abord, j'en suis sûr, vous êtes grandement édifiés de cette joie sainte qui épanouit ces âmes austères. Vous vous dites : Il est donc vrai, quoique le monde affirme, qu'il y a du bonheur dans le cloître, que ces religieuses qui ont tout quitté pour Dieu forment une vraie famille où, comme dans la famille naturelle, il y a des anniversaires qui réveillent les plus doux sentiments fraternels. Ces cœurs ne sont donc pas morts, comme on le dit quelquefois, et pour battre plus purement que dans le monde, ils ne battent pas moins vivement. Oui, Mes Frères, telle est la vérité : Dieu, qui est la source de tout amour, ne saurait tarir l'amour dans les cœurs où il veut régner sans partage. S'il est,

(1) Le P. Lacordaire.

comme le dit la sainte Écriture, un Dieu jaloux, il ne l'est que des affections qui l'offensent et visent à le détrôner ; il ne poursuit de sa rigueur souveraine que les amours déréglés, dangereux ou excessifs ; il bénit au contraire toutes ces tendresses légitimes dont il est le principe, la règle et le lien.

Mais il y a une autre pensée qui vous est venue sans doute. En voyant une vénérable fille de sainte Thérèse célébrer ses noces d'or, vous vous dites : Il est donc vrai qu'au Carmel même on peut vivre longtemps, que les jeûnes, les austérités, les veilles ne sont pour personne un arrêt de mort à bref délai!

Et rien n'est plus certain, Mes Frères. Savez-vous ce qui a fait dire à un hygiéniste célèbre : « La plupart des hommes ne meurent pas : ils se tuent? » Ce ne sont pas les rigueurs de la pénitence, mais bien plutôt l'usage immodéré des plaisirs, et la jouissance exagérée de tous les biens d'ici-bas, que le Créateur a faits pour notre usage et que les passions du monde ont le triste privilège de changer en poison. Ce qui tue, ce sont les orages du cœur, les inquiétudes de l'esprit, les soucis dévorants, les préoccupations de la fortune, de l'ambition, de la santé même : toutes choses que le cloître ne connaît pas et qui expirent à son infranchissable seuil.

Cette vénérable mère Camille de Soyecourt, qui à ses hautes vertus joignait tous les agréments de l'esprit, après plus de soixante-quatre ans accomplis de sa vie religieuse, aimait à chanter à ses filles, aux heures de récréation, ce refrain familier, d'une poésie et d'une rime toutes primitives :

La vieillesse me gêne
J'ai quatre-vingt-douze ans,
Je conserve ma tête
Malgré mes maux cuisants
. . . .
Chacun meurt à son tour
Et moi je vis toujours!

Or le secret de cette longue vie, l'aimable mère, dès sa tendre jeunesse, l'avait révélé elle-même d'avance à ses parents, lorsque ceux-ci opposaient à tous ses désirs de vie religieuse l'extrême délicatesse de sa santé. « Monseigneur, disait-elle au prélat envoyé pour examiner sa vocation et surtout pour l'en dissuader si c'était possible, mes parents se persuadent que je vais entrer dans un tombeau. Ils ignorent donc que le calme de l'âme et la paix du cœur sont les meilleurs auxiliaires d'une longue vie, et le plus doux contre-poids des austérités du cloître (1) » ?

(1) Tous les détails, rapportés ici, sur la R. M. Camille

Oui, ses parents l'ignoraient, et le monde obstiné, parce qu'il est aveugle volontaire, l'ignore encore, et l'ignorera toujours, toutes les fois qu'il se trouvera en présence de ces grands coups de la grâce qui appellent une âme, d'une situation enviée et enviable selon la nature, aux héroïques renoncements de la croix. Heureusement la bonne foi, qui se rend volontiers aux leçons de l'expérience, avoue de bonne grâce que la Providence de Dieu se justifie assez bien par les exemples qu'elle met sous nos yeux, comme ceux de la mère Camille et de sa fille bien-aimée, la sœur Saint-Bernard, qui nous a réunis aujourd'hui. Sachez-le donc, enfants du siècle et puissiez-vous en être touchés! Il est vrai : le calme de l'âme et la paix du cœur, qu'une vocation sainte fait goûter au Carmel, suffisent largement pour contrebalancer non seulement les plaisirs dangereux que l'on fuit, mais les commodités permises dont on se prive, et, en donnant au cœur une sérénité que le monde a toujours refusée à tous ses sectateurs, sont en

de Soyecourt sont extraits de sa Vie anonyme, parue en 1851, chez Poussielgue-Rusand. Nous dirons à ce sujet que cette vie est trop courte et incomplète, et que Mme de Soyecourt, qui est une des grandes figures de l'histoire religieuse du commencement de ce siècle, mériterait de trouver un historien digne d'elle.

même temps le plus sûr brevet d'une longue vie.

Mais c'est aussi le meilleur gage de cette vie sans fin pour laquelle nous avons tous été créés ; qui ne saurait s'acheter trop cher, où il n'y a plus ni souffrance, ni douleur, ni pénitence et où l'amour, régnant seul et sans partage, procure à tous les élus les délices ineffables de ces noces d'or éternelles que je vous souhaite, au nom du Père, du Fils et du Saint-Esprit.

Ainsi soit-il.

15458. — PARIS, F. LEVÉ, IMPRIMEUR DE L'ARCHEVÊCHÉ, 17, RUE CASSETTE.

www.ingramcontent.com/pod-product-compliance
Ingram Content Group UK Ltd.
Pitfield, Milton Keynes, MK11 3LW, UK
UKHW020229180726
13838UKWH00005B/2281